Faszination 2 -

So macht Merken Spass

Grundlagen

Impressum

Ausgabe:	[August 2024]
Druck:	[August 2024]
Autor, Kontakt:	David : Barfuss
	david.barfuss@protonmail.com
Verlag:	BoD • Books on Demand GmbH, In de Tarpen 42, 22848 Norderstedt
Druck:	Libri Plureos GmbH, Friedensallee 273, 22763 Hamburg
ISBN:	978-3-7597-3150-0

Inhaltsverzeichnis

Verzeichnis der Änderungen:

Diese Liste wird für Lehrer und Eltern geführt, die eine erste Ausgabe des Buches gekauft haben und nun neue dazu bestellen:

So siehst Du sofort, wo es Änderungen, Updates und Verbesserungen gegeben hat.

[6.8.24]   Fehler in der Planetenfolge (nur Text) korrigiert.
[6.8.24]   Brutto/Netto: Korrektur und Ergänzung (Netz)
[8.8.24]   Arbeit an Bank der Freunde

Weitere Literatur für Kinder

- **Faszination 1:** So macht Rechnen Spass
- **Faszination 2:** So macht Merken Spass: Grundlagen
- **Faszination 3:** So macht Merken Spass: Zahlen merken
- **Faszination 4:** So macht Merken Spass: Vornamen merken
- **Faszination 5:** So macht Rechtschreibung Spass*
- **Faszination 6:** Staunen*

Weitere Literatur für die neue Zeit

- **Werkzeuge der neuen Zeit**–Kommunikation und Beziehung*
- **Gesetz der Anziehung:** Ich erschaffe mir meine Welt, so wie sie mir gefällt.
- **So macht Zusammenwohnen Spass***
- **Heilung Männer und Weiber, Trilogie***

Literatur für kritische Bürger

- **5G von allen Seiten:** Was bedeutet Mobilfunk für Kinder, Tiere, Bäume, wie kann man ihn vermeiden und wie kann man sich schützen
- **5G -Schmerz und Heilung:** Berichte von Menschen, die aus dem elektrohochsensiblen Zustand wieder in ein lebenswertes Leben gefunden haben..
- **Wahlen und Abstimmungen:** Ein Krimi. Oder: Wie kann man die Wahlen und Abstimmungen eines ganzen Landes ganz einfach stehlen?

* Diese Bücher erscheinen in Kürze (April 2024)
  Vorbestellungen möglich.

Zeit der Wende

Von Beate Lambert
mit Zitaten von Friedrich Schiller

Dieses ist die Zeit der Wende,

nun zählt Klarheit, Kraft und Mut.
Viele Herzen, viele Hände
voller Sanftheit und voll Wut.

Du bestimmst

und du entscheidest
welchem Geist du angehörst.
Ob du leise weiter leidest
oder endlich dich empörst.

Stimm mit ein in unser Singen,

voller Jubel und Vertraun.
Dann wird es Dir auch gelingen,
voller Mut nach vorn zu schaun.

Und dein Leben so verändern,

dass unsere Erde heilen kann.
Seit an seit in allen Ländern
fangen wir den Umschwung an.

Taube Ohren für die Spötter
und die Sucht nach Macht und Geld.
Wir sind uns're eignen Götter,
unsre Herzkraft heilt die Welt.

Alle Tiere, Menschen und Pflanzen

mögen wachsen und gedeihn.
Wir sind Teil des grossen Ganzen
und bereit, dabei zu sein.

Das Bewusstsein ist gestiegen

und bald kommt die neue Zeit.
Dann geht es nicht mehr ums Siegen,
sondern um Verbundenheit.

Folg den Kindern und den Frauen,

weil sie für das Leben stehn.
Und sich jetzt nun endlich trauen,
voller Kraft voran zu gehen.

Groll und Rache sei vergessen,
unserem Todfeind sei verziehn.
Auch wer nur profitversessen,
achte und verstehe ihn.

Denn du weisst, er ist getrieben
von seiner Schuld und seiner Angst.
Du aber bist frei zu lieben,
wenn du nicht mehr länger bangst.

Freude heisst die starke Feder
in der ewigen Natur.
Freude, Freude treibt die Räder
in der grossen Weltenuhr.

Sie gibt Kraft zu handeln
voll Verbundenheit und Mut.
Unsre Welt zu wandeln,
dann wird alles gut.

Im Sommer 1785

Vorwort

Nachdem ich aus einem – scheinbar – behüteten Dorf in einer – scheinbar – intakten Familie aufgewachsen bin, ist meine Trauer und Einsamkeit im Laufe des Gymnasiums auf Rekordwerte gestiegen.

Eine meiner früheren Kolleginnen hat damals Selbstmord begangen, ein guter Freund von mir ist in die Drogen abgestürzt und danach daran gestorben.

Doch – scheinbar – dem Anschein nach, an der Oberfläche – war es die Blütezeit der westlichen Zivilisation. Jeder konnte ein Auto kaufen, die Läden waren voller farbiger Produkte, so dass nur schon die Auswahl einen überfordern konnte.

Ich war angepasst, habe meine Pubertät aufgeschoben und unterdrückt und hatte absolut keinen Plan, wie ich den Mädchen näherkommen sollte, jeder Versuch ist schmerzlich gescheitert.

Da war keine Männerkraft, die mich liebevoll an der Hand genommen hat und mir die Welt gezeigt hat, die mir den Männerstolz vermittelt hat. Da war haufenweise Beschämung meines Wesens von allen Seiten.

Irgendwie habe ich mich durchgemogelt, wusste oft auf die Minute genau, wieviel ich noch lernen musste, damit ich eine 3.75 im Schnitt erhielt, die auf eine 4 aufgerundet wurde.

Die Antworten der Lehrer konnte ich oft fühlen, ich wusste, dass ich es nicht wusste, aber die Antwort kam mir trotzdem in den Sinn, die Forchbahn, das Tram, das uns ins Gymnasium gefahren hat, kam oft zu spät und auch da fühlte ich, ob ich rennen musste, oder nicht, um sie gerade noch zu erreichen. Das war ein Spiel, was ich mit mir spielen konnte und das mir niemand verboten hat.

Insgeheim hatte ich auf eine Erlösung gewartet. Die Matura war ein Abschluss, aber keine Erlösung und ich habe mich gefragt, was in meiner Ausbildung schief gelaufen ist…

Eine traurige Angelegenheit, wenn man bedenkt, dass allein der Lohn der Lehrer geschätzte 100'000 Franken pro Kind kostet und die Kinder damit 7 Jahre beschäftigt gehalten werden – aber vorallem für oft kaum auszuhaltenden Schmerz und die Einsamkeit, die ich in dieser Zeit gefühlt habe.

Maria Montessori sagt, dass das ganze Leben der Spielplatz ist, da geh ich mit ihr absolut einig – ich spüre heute noch den Ärger darüber, dass meine Grundschullehrerin mir die Spielsachen weggenommen hat. Ich konnte nur lernen, wenn ich mich bewegen konnte, wenn ich etwas machen konnte. Das war aber nicht gefragt. Ich musste stillsitzen. Das ist noch heute nicht mein Ding.

Mein Studium an der ETH, wo ich Informatik, Psychologie, Physiologie, Recht und sonst noch ein paar spannende Fächer wie Mathematik, Physik und Robotik sowie Elektrotechnik studiert habe, konnte nur gelingen, wenn ich nebenher gearbeitet habe, mich bewegen konnte, Dinge erforschen konnte. Das Studium alleine hätte ich nie geschafft, mein Hirn hat zur optimalen Funktionsweise immer wieder kurzfristige Belohnungen und Abwechslung gebraucht, und was noch viel wichtiger war: Zuneigung.

Ich erinnere mich ans Gymnasium: Beim ersten Mathematik-Lehrer, Peter Geiger, hatte ich fast durchgehend eine 6 – das ist die beste Note in der Schweiz, im Gegenteil zu vielen andern Ländern.

Im 3. Jahr wurde der abgelöst durch einen kleinen, giftigen Zwerg, für den die ganzen Welt binär war. Sein Verständnis von Humor muss sich irgendwann zu Staub pulverisiert haben und war für normale Menschen nicht erkennbar. Um ihn ein bisschen aus der Reserve zu locken habe ich sein Fahrrad in einer Mittagspause auf das Vordach des nebenstehendes Betongebäudes der neuen Kantonsschule Stadelhofen gehievt.

Er war sehr hilflos damit.

Ähnlich hilflos, wie das niedere, graue Betongebäude darin war, die Schüler zu Würde, Grösse und Menschlichkeit zu inspirieren.

Bunker können das wohl naturgemäss eher weniger.

Und noch ein Gedanke: Wer hat sich, zum T. ausgedacht, dass eine 6 die beste Note sei? Im Sport ist die Erste die Beste. Im Erben der Erstgeborene derjenige, der je nach Kultur Haus und Hof erbt – z.B. im Kanton Bern – dieses Erbregelung sieht man noch heute auf Google-Maps – die Höfe sind gross geblieben – ganz anders als im Kanton Wallis, wo das Erbe auf alle Kinder aufgeteilt wurde.

Und wenn es denn schon umgedreht wird, warum gerade auf die 6?

Ich gebe Dir diesen Gedanken mit.

Wenn Dinge umgedreht wurden, dann betrachte ich das heute als Intelligenztest und die Umdrehenden als Bewusstseinstrainer, die uns helfen, wieder ganz genau hinzuschauen, zu erkennen, was wir nicht mehr wollen und daraus zu entwickeln, was wir wollen.

Das bedingt Klarheit, jeden Tag ein Stück mehr.

Dieses Buch habe ich geschrieben, mit der klaren Absicht, dass die neue Generation sich nicht mehr so verwirren lässt wie es mir geschehen ist, dass sie ihre Freude bewahren kann, das Lachen, das verspielte, den Forschergeist.

Wer sich entwickeln will, muss sich orientieren, von seinen Gedanken ins Fühlen kommen, vom Kopf ins Herz – die Traumaheilarbeit macht es uns vor:

Um sich zu orientieren, müssen wir wissen, wer wir sind und woher wir kommen.

Dafür braucht es einen klaren Geist, der noch aufnahmefähig ist, es braucht offene Augen und Ohren und ein fühlfähiges, fühlwilliges Herz.

Es braucht die Fähigkeit, selbst denken zu können, wie das früher an den Schulen noch gelehrt wurde – z.B. mit dem Trivium – einer genialen Denkschule.

Und es braucht den kritischen Geist, um zu hinterfragen, ob etwas wahr ist, warum jemand etwas sagt – respektive, was sein Gewinn dabei ist. Es ist not-wendig, dass wir weiterfragen, nach eigenen Erfahrungen und dass wir auch andere Menschen fragen, über ihre Erkenntnisse, Erfahrungen und ihr Wissen.

Als ich vor Jahrzehnten meine Pilotenlizenz gemacht habe, war ich sehr ambitiös – ich habe auf dem Dach des Trainingslokals geschlafen und mit vielen der Lehrer gearbeitet – normalerweise hätte ich einen Lehrer zugeordnet erhalten und dann nur mit dem gearbeitet, doch mein Zeitplan liess das nicht zu. Das hat zu einem spannenden Ergebnis geführt: Ich habe bei jedem Lehrer seine Ängste, geistigen Lähmungen und kognitiven Löcher erkennen können und gleichzeitig seine Superkräfte entdeckt. Wo der eine auswich, da hat der andere erst mit Begeisterung angefangen.

Das war mir eine Lehre!

Wenn ich heute Holzarbeiten im Freien mache, die Jahrzehnte halten sollten, oder Rohrstücke in den Untergrund betoniere, wenn ich Steinplatten verlege oder solche Bücher schreibe, dann frage ich viele Holz- oder Gartenbauer, ich frage verschiedene Strassenbauer und konsultiere so viele erste Quellen, wie möglich für die Bücher.

Wenn diese Quellen dann noch verschiedener Herkunft, verschiedene Jahrgänge, Hochschulgebildet und Handwerkergebildet, Männer und Weiber sind, dann beginnt die Freude am Forschen:

Ich kann zum Schluss wirklich wählen und beginne damit angemessene Lösungen zu entwickeln, ich kann anfangen zu spielen, ich kann Dinge auf verschiedene Arten lösen, grad so, wie es passt, wie es mir gefällt, wie es den Rahmenbedingungen angemessen ist.

So gelingt es auch, einfachere Lösungen der Art «*So hat man es immer gemacht*» auszufiltern. Das Optimale entsteht dann, wenn ich darüber noch schlafe, also nicht voll durchziehe – oft kommt beim Einschlafen oder Aufwachen noch eine gute Erkenntnis dazu.

Wenn das gelingt, dann fühle ich Schöpferkraft in mir, die Freude am Erschaffen, Gestalten und lerne dabei – ganz ohne dass ich es merke – an der Praxis und in der Praxis.

Nach solchen Tagen erfüllt mich eine tiefe Zufriedenheit.

Möge das Dir und Deinen Kindern im Lernen auch immer mehr gelingen.

Und zu guter Letzt: Dieses Buch ist der Anfang einer längeren Reihe. Es ist ein Dialogangebot. Ich bin neugierig, von Dir und Deinen Kindern zu hören, was funktioniert, und was durch Euch verbessert werden konnte. Ich möchte Lösungen sammeln, damit wir mit Varianten spielen können. Ich möchte mit Dir Ping-Pong spielen, und mich mit Dir freuen, wenn Du mir einen etwas schärferen Ball mit links zurückspielen kannst.

Dieses Buch ist also eine Einladung zum Tanz, Dialog und Spiel.

Ganz herzlich,

:David

Wie lernt man am besten?

Um optimal zu lernen, ist es not-wendig, zu verstehen, wie unser Hirn und unser Körper funktioniert.

Und es hilft, von denen zu lernen, welche die Superlerner unter uns sind. Die Superlerner unter uns lernen 10-15 Mal besser und schneller als die besten Studenten.

Auch Du warst ein Superlerner, und zwar als Baby.

Babies haben wunderschöne Eigenarten, die man ihnen in diesem Alter auch noch nicht abtrainiert hat:

- Sie wachen auf und sind meist sofort fit und unternehmens-lustig und wenn sie müde sind, fallen sie fast sofort in den Schlaf, egal, wo sie sind.
- **Forschen:** Sie erforschen alles, was sie finden und greifen können: Sie nehmen es in die Hand um es zu begreifen, nehmen es in den Mund, um es zu kosten und zu prüfen, ob es hart oder weich ist,
- **Spielen:** Sie spielen damit, werfen es auf den Boden und sind neugierig, was passiert.
- **Emotionen:** Sie lachen viel und sie weinen oft genau so viel – das heisst, sie sind ihren Emotionen sehr verbunden.
- **Lachen:** Beim Lachen ziehen sie die Mundwinkel hoch und entspannen damit 27 Muskeln im Gesicht, was wiederum dazu führt, dass die Neurotransmitterproduktion im Hirn angeregt wird – das sind die Stoffe, die uns helfen, Neues ganz schnell zu lernen.

- Zusätzlich ist das Hirn so eingestellt, dass wir glücklich sind, wenn wir neues lernen. Das wäre auch bei den Erwachsenen noch so, wenn ihnen das nicht verdorben worden wäre – die meisten Erwachsenen haben jedoch Freude am shoppen, dort wird ist auch die Freude am Neuen der bestimmende Faktor. Der Nachteil am Shoppen ist: Die Räume füllen sich, das Portemonnaie lehrt sich, und meist schon ein paar Stunden später merkt man, dass man gar keinen Bedarf hat. Ab dann braucht das neue Stück Platz, vielleicht Wartung, ab und zu neue Batterien – sprich: Es kostet noch mehr Geld.
- **Zeitabschnitte:** Wer in Zeitabschnitten von 20 Minuten lernt, holt das Optimum aus der Zeit heraus: Von jedem Zeit-Abschnitt, in welchem wir lernen, können wir uns die Inhalte der ersten und den letzten 5 Minuten am besten merken.
- Wenn eine solche Zeiteinheit von 20 Minuten vorbei ist, dann ist es optimal, wenn wir uns bewegen, die Muskeln aktivieren und die anderen Sinne wieder einbringen – das muss nicht lang sein.
- **Bewegung:** Eine mögliche Übung ist, die Finger spazieren zu lassen: Wir bringen den linken Daumen zum rechten Zeigefinger und den rechten Daumen zum linken Zeigefinger.
Dann lösen wir das untere Fingerpaar, verdrehen die beiden Hände 180° gegeneinander und bringen die beiden geöffneten Finger oberhalb wieder zusammen. Erneut lösen wir das untere Fingerpaar, verdrehen die beiden Hände um 180° gegeneinander und bringen sie oberhalb wieder zusammen.

Diese Übung macht Spass, bringt uns in den Körper und bringt die beiden Hirnhälften in Synchronisation.

- Wer diese steigern will, der macht mit den Daumen und Mittelfingern das gleiche Spiel und geht dann immer weiter bis zu Daumen und kleinen Fingern.

- **Ernährung:** Wer viel lernen will, verzichtet eher auf Monosacharide, also Einfachzucker wie sie in Schokolade, Süssigkeiten und Brot vorhanden ist. Der wird schnell abgebaut, gibt uns ein Zuckerhoch, in welchem wir ein bisschen high und übermütig sind und lässt uns danach wieder in die Trägheit fallen. Viel besser sind Zuckerarten, die langsam abgebaut werden – Porridge kann das. Damit hat der Körper und der Geist nicht diese starke Achterbahnfahrt, sondern erlebt eher eine gleichmässige Kraft, die ihn vorwärts trägt, so, wie in der Mitte eines Flusses.

- **Weiter, offener Blick:** Der unbekannteste Faktor ist der weite offene Blick, im Gegensatz zum starren Blick:
Stell Dir vor, Du musst ein Verhör machen, der Angeklagte ist noch nicht so sehr fürs Geständnis motiviert und blickt in eine Ecke. Du willst den Blick stärker macht, fokussierst auf seine Augen, lehnst Deinen Oberkörper vor, streckst Deinen Kopf nach vorn. Eine ganz ähnliche Haltung nehmen wir beim Lesen ein. Das ist der fokussierte Blick. Wenn wir diesen einnehmen, dann generiert das Stress im Körper und im Geist. Stress heisst auch, dass die Körperzellen in dieser Zeit nicht heilen, die Verdauung stagniert, das Grosshirn erhält weniger Blut, die grossen Muskeln der Beine, der Arme, des Bauches und des Gebisses sind jedoch voll aktiviert und das Kleinhirn, welches für die körperliche Integrität, unsere Sicherheit, Kampf, Flucht oder Erstarren, respek-

tive automatische Reaktionen zuständig ist, wird voll aktiviert. In bedrohlichen Situationen lernen wir nicht, wir verwenden das gelernte, um zu überleben.

Das Gegenteil davon ist ein weiter, weicher Blick. Monalisa machts vor, in manchen Meditationsschulen wird es gelernt, die Indianer haben fast immer so geschaut: Du schaust in dem Moment zwar Richtung Baumstamm, aber Du nimmst im peripheren Bereich der Augen auch wahr, wie die Blätter der Krone sich im Wind bewegen, wie die kleinen Bienen, Mücken und Fliegen darin herumschwärmen. Das reduziert den Stress, das Herz wird offen, wir lassen den Schutzpanzer hinter uns und werden weich und berührbar – das heisst, Informationen, Bilder, Wahrnehmungen, Gefühle und Empfindungen können in uns eindringen, weil der Panzer nicht aktiviert ist.

Wenn wir also lernen, egal, ob wir lesen, schreiben, rechnen oder singen, dann ist dieser weite Blick einer der grössten Erfolgsfaktoren.

Das Hirn kann pro Sekunde etwa 11 Millionen Informationen aufnehmen. Wenn wir mit fokussiertem Blick einzelne Buchstaben oder Zahlen aufnehmen, dann reduziert sich das auf etwa 5 Byte pro Sekunde, also etwa 5 Buchstaben oder Zahlen.

Anders beschrieben würde das heissen: Du kannst das mit Kreide auf den Boden gemalte Wort lesen – damit bist Du mit fixiertem Blick bei den 5 Buchstaben pro Sekunde.

Oder Du liest es mit offenem Blick, respektive offenen Sinnen und hörst gleichzeitig die Vögel singen, nimmst die Nuancen des Bodens war, siehst die Kreide daneben liegen, spürst den Wind in Deinem Gesicht und die Füsse auf dem Boden.

Wenn Du das alles beschreiben musst, dann wird das ein kleiner Aufsatz – so viel Erfahrungen hast Du in der kurzen Zeit gemacht.

«Bilder sagen mehr als Worte», sagt man.

Oder auf Englisch: *«A picture is worth a thousand words"* – und das ist tatsächlich wahr, messbar, und für uns nutzbar.

Ein weiterer unterstützender Faktor beim Lernen ist die Tatsache, dass Wissen, was wir erworben haben, dann richtig stark vertieft wird, wenn wir es weitergeben.

Vor hundert Jahren waren die Schulklassen viel grösser, oft waren 50 Kinder in einer Klasse – und alle Alter waren gemischt – kein Dorf hatte 50 Kinder des gleichen Jahrgangs.

Das hat dazu geführt, dass die älteren Kinder, oder besser, die Kinder, die etwas schon konnten, dieses Wissen den kleineren Kindern, oder besser denen, die etwas noch lernen wollten, beigebracht haben. Das hat den Lehrer entlastet, und die Kinder, die ihr Wissen weitergegeben haben mit Freude und Selbstwert erfüllt. Sie konnten etwas. Und sie haben gelernt, es zu vermitteln.

Die Kinder, die etwas gelernt haben, wurden dabei nicht für ihre Fehler vor allen anderen blossgestellt, sondern von einem anderen Kind begleitet.

Wenn man heute solche Klassen führt, dann zeigt sich, dass die Kinder viel schneller viel mehr Stoff lernen können. Vor allem ist aber die Freude ihr ständiger Begleiter und die Beziehungen werden gepflegt, sie lernen beziehen, statt zu konkurrieren, man lernt, sich zu helfen und wie schön es ist, wenn Aufgaben gemeinsam gelöst werden.

Mit Fehlern kann man ganz verschieden umgehen. Ein schöner Umgang ist, sie als Helfer zu sehen, die uns unterstützen, Dinge das nächste Mal besser zu machen.

Mit Freude lernen wir viel, viel schneller als unter Zwang.

In Tunesien gibt es die Strand-Akademie. Da gibt es viele Tunesier, die flirten mit den deutschen Frauen. Diese Tunesier können oft perfektes Deutsch. Sie gingen nie in eine Deutschschule, aber weil flirten so viel Spass macht, ist es für sie ganz leicht, schnell gutes Deutsch zu lernen. Sie lernen wie die Babies – keine Strafe, kein Lehrer, kein Beschämen, kein Büffeln, sondern lernen mit Freude und allen Sinnen, während sie mit einer schönen Frau am Strand spazieren.

Diese Themen werden in einem eigenen Buch vertieft, hier sollen sie als kurze Hinweise dienen, damit das Lernen gut gelingen kann und Spass macht.

Das ist es: Ich wünsche Dir Spass, Freude, Lachen und gutes Lernen.

Was wir mit Spass gelernt haben, das vergessen wir nie mehr.

Das kannst Du selbst überprüfen, indem Du Deinen Grossvater oder Deine Grossmutter fragst, an was sie sich erinnern kann.

Sie wird Dir kaum erzählen, wie man eine dritte Wurzel zieht, sondern sie wird Dir vom Streich erzählen, den die Kinder auf der Schulreise gemacht haben, und dabei wird sie herzlich lachen, so wie ich die Geschichte vom Velo meines Mathematiklehrers erzählt habe. Es ist das Einzige, was ich noch von ihm weiss.

Da waren alle Sinne dabei, die Kinder hatten Spass, es war eine aussergewöhnliche Situation.

So kann man sich Dinge merken.

Oder: Vertraue Deinem Körper, habe Spass und Freude, lass Dich nicht zwingen, drücken und beschämen, erforsche die Welt, stelle 1000 Fragen und probier alles aus.

Und merke: Wer die Frage nicht beantworten kann, der schämt sich oft dafür. Weil er in der Schule selbst bestraft wurde für

Dinge, die er nicht wusste. Die wenigsten Erwachsenen geben zu, wenn sie etwas nicht wissen. Sie lenken ab, sie beantworten eine andere Frage oder sie verbieten Dir das Fragen.

Kinder sind da ganz ähnlich .

Wer älter wird und reifer, der befreit sich aus diesem Zwang, alles wissen zu müssen und findet den magischen Satz, der unser Herz so unendlich viel leichter macht: *«Ich weiss es nicht.»* und vielleicht *«Wollen wir es zusammen herausfinden?»*

Merken durch Wiederholungen:

Wissenschaftliche Untersuchungen zeigen, dass man mit Wiederholung gut lernen kann:

Nach 400 Wiederholungen merkt dass Hirn, dass etwas wirklich wichtig ist und bildet neue Synapsen.

Aber es gibt eine Abkürzung: Wenn wir spielerisch lernen, dann merkt sich das Hirn das schon nach 10-20 Wiederholungen.

Supertrick: So merkt man sich Dinge leicht und schnell:

1. Mit **Gefühlen** – z.B. lustig, traurig, verrückt. Das wird verstärkt durch krasse Vorstellungen, wie ganz gross, ganz klein, super scharf und Überraschungen.
2. **Sinnhaft** – also für Augen, Ohren, Zunge und Nase: Mit Bildern, Klängen, Geschmack und Geruch, mit Körperwahrnehmungen, Unwohlsein, etc.
3. **Angebunden**–Abstrakte Dinge wie Zahlen binden wir an konkrete Dinge, die wir anfassen können anbinden, z.B. die Brille für die 2.

Aufgabe: Geh zurück zur Geschichte mit den Zwergen zum Merken der Telefonnummer und finde bei jeder Ziffer heraus, ob mit Gefühlen, Sinnhaftem oder Anbinden gearbeitet wurde.

- Fehlt eine Körperwahrnehmung?
- Welche Gefühle kommen vor?
- Welche Gefühle kommen nicht vor?

Eine Geschichte: Gillian die Tänzerin

Gillian ist ein siebenjähriges Mädchen, das in der Schule nicht sitzen bleiben kann. Sie steht ständig auf, lässt sich ablenken, fliegt mit den Gedanken und folgt dem Unterricht nicht. Ihre Lehrer sorgen sich um sie, bestrafen sie, schimpfen mit ihr, belohnen die wenigen Male, an denen sie aufmerksam ist, aber nichts. Gillian weiß nicht, wie man sitzt und kann nicht aufmerksam sein.

Wenn sie nach Hause kommt, wird sie auch von ihrer Mutter bestraft. Gillian hat also nicht nur in der Schule schlechte Noten und wird bestraft, sondern leidet auch zu Hause darunter.

Eines Tages wird die Mutter von Gillian in die Schule gerufen. Die Frau, traurig wie jemand, der auf eine schlechte Nachricht wartet, nimmt sie an der Hand und geht in den Besprechungsraum. Die Lehrer sprechen von Krankheit, von einer offensichtlichen Störung. Vielleicht ist es Hyperaktivität oder vielleicht braucht sie ein Medikament.

Während des Gesprächs kommt ein alter Lehrer, der das kleine Mädchen kennt. Er bittet alle Erwachsenen, Mutter und Kollegen, ihm in einen Nebenraum zu folgen, von dem aus man sie noch sehen kann. Als er geht, sagt er Gillian, dass sie bald zurückkommen werden, und schaltet ein altes Radio mit Musik ein.

Als das Mädchen allein im Raum ist, steht sie sofort auf und beginnt, sich auf und ab zu bewegen, um die Musik mit ihren Füßen und ihrem Herzen in der Luft zu verfolgen. Der Lehrer lächelt, als die Kollegen und die Mutter ihn zwischen Verwirrung und Mitleid ansehen, wie es bei alten Menschen oft der Fall ist.

Also sagt er:

"Seht ihr, Gillian ist nicht krank, Gillian ist eine Tänzerin!»

Er empfiehlt ihrer Mutter, sie zu einem Tanzkurs zu bringen und ihre Kollegen sollten sie von Zeit zu Zeit tanzen lassen. Sie nimmt an ihrer ersten Stunde teil und erzählt ihrer Mutter, als sie nach Hause kommt:

"Alle sind wie ich, keiner kann da ruhig sitzen!»

Nach einer Karriere als Tänzerin, der Eröffnung ihrer eigenen Tanzakademie und internationaler Anerkennung für ihre Kunst wurde Gillian Lynne 1980 Choreografin des Musicals *"Cats"*.

Wir brauchen mehr Tänzer!

Listen von Dingen merken

Wer sich Listen von Dingen merken kann, hat viele Vorteile, zum Beispiel beim Einkaufen:

Stell Dir vor, Du musst Dir die nachfolgende Einkaufsliste merken:

- Spargeln
- Fisch
- Konfitüre
- Fruchtjoghurt
- Bananen
- Mandelmilch
- Gurke
- Melone
- Mineralwasser
- Biskuits

Als erstes ist es hilfreich, die Liste zu sortieren, damit Du, bei Deinem Weg durch den Laden eins nach dem andern aus den Gestellen fischen kannst und nicht hin- und her irrst:

In meinem Laden geht das so: Da sind die Brote und Aufstriche zuerst, dann kommen die frischen Früchte und Gemüse und dann der Rest:

- Konfitüre
- Bananen
- Melone
- Mandelmilch
- Mineralwasser

- Spargeln
- Gurke
- Fisch
- Fruchtjoghurt
- Biskuits

Nachdem, was Du mit den Zahlen gelernt hast, könntest Du diese Dinge an Zahlen binden:

Für die Eins nimmst Du nach dem Konsonantenvorgehen das Merkwort «Tee» und verbindest das mit Spargeln: Du merkst Dir, wie Du in Deinem Morgentee mit einer alten lampigen Spargel rührst.

Für die Zwei nimmst Du das Wort «Ahne» (z.B. Grossvater). Du verbindest dieses Wort mit «Fisch», indem Du Dir vorstellst, wie Dein Urgrossvater einen grossen Fisch zwischen den Zähnen hält, während er im Lehnstuhl schaukelt..

Und so weiter.

Ich lade Dich ein, die Geschichte weiterzuspinnen:

Nr.	Merkwort für Nr.	Einkaufen	Krasses Bild
3		Konfitüre	
4		Fruchtjoghurt	
5		Bananen	
6		Mandelmilch	
7		Gurke	
8		Melone	
9		Mineralwasser	
10		Biskuits	

Wenn Du jetzt im Laden bist, kannst Du Dir die Merkworte einfach abrufen und das, was Du einkaufen willst, kommt einfache wieder auf Deinen inneren Schirm.

Bank der Freunde

Gestern habe ich die Schule meines Sohnes besucht.

Ich sah eine bunte Bank auf dem Hof. Ich fragte, ob dies der einzige Platz zum Sitzen sei.

Er sagte zu mir: "Nein, das ist die Bank der Freunde. Wenn jemand einsam ist oder keinen Spielpartner findet, setzt er sich dort hin und andere laden ihn ein, mit ihnen zu spielen.

Ich sage ihm, dass ich das wunderbar finde, und frage ihn, ob er es selbst benutzt?

Er sagt: "Ja, am Anfang des Jahres, als ich neu hier war.

Ich saß dort und ein anderer Schüler kam und lud mich ein, mit ihm zu spielen. Das hat mich glücklich gemacht. Und jetzt, wenn ich jemanden dort sitzen sehe, lade ich ihn auch zum Spielen ein.

Quelle: unbekannt

BUDDY BENCH
Kindness

Listen über die Kleidung merken

Stell Dir vor, es ist Dein erster Tag in der Garten-Schule. Auf dem Merkblatt, welches die Eltern erhalten haben, steht eine Liste der Dinge, die Du mitbringen sollst. Da steht:

- Feste Schuhe
- Lange Hosen
- Eine kleine Hacke
- Ein Bleistift mit Gummi
- Ein Notizbuch
- Ein Hammer und ein paar Nägel
- Etwas zu trinken
- Pausenverpflegung
- Ein Sonnenhut.

Du schliesst die Augen und stellst Dir vor, wie Du an den Füssen extragrosse Schuhe hast, die tanzen. Schuhe, die ein Fest feiern, «feste» Schuhe halt.

Du gehst weiter nach oben am Körper:

Dann siehst Du Dich im Spiegel und siehst Deine langen Hosen. Die sind so lang, dass es schwierig ist, nicht zu stolpern, Du musst also ganz vorsichtig gehen und aufpassen, dass niemand auf Deine Hosenbeine steht, die Du nachschleifst.

Du gehst ans obere Ende der Hose:

Du fasst Dir mit der Hand in die rechte vordere Hosentasche und spürst etwas ganz kleines – Ahh – das ist die Hacke. Super, die ist auch dabei.

Du gehst im Kreis herum und prüfst die zweite Hosentasche

In der linken vorderen Hosentasche drückt Dich etwas: Du steckst Deine Hand dort hinein und merkst, dass das ein Bleistift mit Gummi ist, der dummerweise nicht so in Deiner Hosentasche steht, dass er mit dem spitzen Ende auf Deinen Oberschenkel zielt.

Du bist schlau, und legst das Notizbuch unter die Spitze, damit diese nicht mehr ein Loch in Deinen Oberschenkel macht.

Du gehst mit Deinen Bildern weiter zur hinteren rechten Hosentasche:

Beim reinfassen hörst Du etwas klimpern, – ahh das sind die Nägel in Deiner hinteren rechten hinteren Hosentasche.

Du gehst zur hinteren linken Hosentasche:

Da ist etwas ganz schweres, das Dir fast die Hosen auszieht, hoffentlich merkt das niemand: Ahh, der Hammer. Wozu brauch ich sooo einen schweren Hammer?

Du gehst höher, zu Deiner Jacke, auch die hat 2 Taschen, mit der linken fängst Du an:

Du erschrickst, da ist ein Wasserballon drin, den man für Wasserschlachten braucht, aber der ist warm. Ahh- das ist der Pausentee. Super.

Du gehst zur rechten Jackentasche:

Du merkst, dass ganz viel Kraut heraushängt – ja, genau, das sind die Rüben / Möhren / Rüebli, die für Deinen Znüni, Dein Vesper, Deine Neunuhrpause da sind.

Und ganz am Schluss gehst Du zum Kopf und fragst Dich, warum
Du nichts siehst. Du bist blind, es ist dunkel, was ist los?

Ja, das ist Dein Sonnenhut, der Dir vor die Augen gerutscht ist, er ist
sowieso viel zu gross, so kannst Du gar nicht zur Haustür hinaus.

Wenn Du die Wanderung durch Deinen Körper, von Kopf bis Fuss
noch einmal machst, gelingt es Dir dann, alles wieder zu erinnern?

Mach die Bilder, bei denen es Dir nicht gelungen ist, noch etwas
stärker und krasser.

Und dann geh noch einmal durch. Klappt es jetzt?

Ich habe einen weisen Mann gefragt: *«Sagen Sie
mir bitte, in welchen Beruf kann ich eine gute
Karriere machen?»*

Er antwortete lächelnd: «Sei ein guter Mensch. Da
gibt es viele Möglichkeiten und es gibt sehr wenig
Konkurrenz.

Merken über die Körperteile

Manche machen sich diese Listen auch direkt über die Körperteile, sie verbinden etwas mit den Zehen, den Fusssohlen, dann ein Bild für den Fuss-Knöchel, eins für den Unterschenkel und für das Knie, und gehen so durch den ganzen Körper.

Bist Du bereit für die Challenge?

Dann nimm nochmals die Liste für die Gartenschule, nur dieses Mal bindest Du die Sachen zum Mitnehmen direkt an Körperteile an.

Und, wie ist das?

Jenny, die Stute

Frankfurt. Wie jeden Morgen macht "Jenny" einen Spaziergang. Sie spaziert seit 14 Jahren jeden Morgen die gleiche Strecke, seitdem ihr Besitzer, der jetzt 79 Jahre alt ist, nicht mehr in der Lage ist zu begleiten. Sie genießt es, all die bekannten Gesichter auf dem Weg zu begrüßen, hält inne und bekommt Leckereien und Streicheleinheiten von einigen ihrer Lieblingsmenschen. Die Einheimischen behandeln sie wie eine Berühmtheit und räumen glücklich nach ihr auf. An ihrem Halfter ist ein Stück Papier mit der Aufschrift „*Mein Name ist Jenny. Ich bin nicht weggelaufen, ich spaziere nur. Vielen Dank.*" Die Polizei wird jedoch häufig von Menschen angerufen, die nichts über das Arrangement wissen. Sie sind mit dem Pferd und dem Besitzer sehr vertraut und es gab seit 14 Jahren keine Zwischenfälle mehr. Ein örtlicher Tierarzt untersucht sie regelmäßig und stellt weiterhin fest, dass sie gesund ist und keine Angst vor ihrem einzigartigen Lebensstil hat.

Merken über die Wohnung, Dein Zimmer oder das Klassenzimmer

Welches Zimmer kennst Du am Besten auswendig?

Dein Kinderzimmer? Das Wohnzimmer?

Wähl Dir eines aus und geh dann mal ganz bewusst dort rundherum. Dabei schaust Du Dir an, was es da für Sachen hat: Tür, Fenster, ein Bild an der Wand, die Spielzeugkiste, ein Klavier, die Bücherwand, der grosse Sessel, der Tisch und so weiter.

Dreh Dich langsam im Kreis und beachte, wie eins nach dem andern auftaucht.

Wenn Du im Klassenlager einen Vortrag machen musst, für den Du Dir den Ablauf in Stichworten merken willst, dann kannst Du das an die Sachen in Deinem Zimmer binden:

Angenommen, Du sprichst darüber, wie Du erfolgreich Frieden machst, dann könnte die Liste so aussehen:

Die Worte, die ich in Fett schreibe, das sind die Worte, die Du Dir merken kannst.

1. Die Parteien, die im Streit sind **einladen.** Der Friedensprozess geht nur, wenn beide das wollen.
2. Eine Unterstützung finden, wenn Du ein Junge bist, könnte das ein Mädchen sein und umgekehrt – da ihr verschieden funktioniert, hilft das jeweils besser zu erkennen, was die beiden schmerzt. (**König und Königin**)

3. Beide fragen, ob sie mit Dir als Friedensmacher einverstanden sind (**nicken**).
4. **Tresor:** Dafür sorgen, dass der Raum sicher und ungestört ist- wenn ständig jemand hereinkommt und etwas sucht, oder die Menschen durch diesen Raum zur Küche gehen, dann funktioniert die Friedensarbeit nicht (**Tresor**).
5. Den ersten bitten, ob er kurz den grössten Schmerz in 2 Sätzen sagen kann. (**1 –** 2 – Vulkan, das ist die **eins** davon)
6. Den zweiten bitten, ob er kurz den grössten Schmerz in ganz wenigen Sätzen sagen kann (das ist die **2** von 1-2-Vulkan).
   a. Hier musst Du streng sein. Das sind wirklich ganz wenige Sätze, das ist nicht der Punkt, wo man dem andern alle Verletzungen an den Kopf und ans Herz wirft. **Das ist ganz wichtig. Hier darf es keine Beleidigungen geben.**
7. **Vulkan:** Dann musst Du fühlen, wer den grösseren Schmerz oder die grösste Verletzung hat, das ist derjenige, der am wenigsten zuhören kann. Das ist der Vulkan. Der darf dann seine Verletzung genauer beschreiben, und zwar wie folgt:
8. Die 4 Sätze gibst Du vom Rahmen her vor, die sind:
   a. **Wenn** Du (also der Gegner) *das und das* machst.
      i. Zum Beispiel «*so laut schreist*»
   b. **Dann passiert** mit mir *das und das.*
      i. Zum Beispiel «*tun mir die Ohren weh*».
   c. Mein **Bedürfnis** ist *das und das.*
      i. Zum Beispiel «*dass ich mich sicher fühle*».
   d. **Wunsch:** Deshalb bitte ich Dich, *das und das zu tun, anders zu tun, zu lassen, anzukündigen, …*
      i. In diesem Beispiel: «*Dass Du das ankündigst, damit ich mir die Ohren zuhalten kann*».

9. **Wunscherfüllung ok?** Dann kannst Du mit dem zweiten prüfen, ob er das verstanden hat, und ob er den Wunsch das nächste Mal erfüllen kann und will.

10. **Umkehrung:** Jetzt kannst Du den zweiten fragen, was sein grösster Schmerz in diesem Streit war, und hier gehst Du genau gleich vor, wie beim ersten Mal.

Oft stellt sich danach schon Frieden ein. Das merkst Du zu zum Beispiel daran, dass die beiden oder die anderen Menschen, die dabei sind, anfangen zu gähnen, Pipi machen wollen oder sie nicht mehr konzentriert sind.
Manchmal braucht es noch eine Runde, das ist auch gut.

11. Wenn keine Wiederholung mehr nötig ist, kannst Du eine neue Runde machen: Du lässt die beiden sich abwechselnd etwas sagen, was sie aneinander mögen oder was sie aneinander bewundern. (**Herzchen**)

12. Wenn Du es nötig findest, dann kannst Du die beiden einander ein Versprechen für ihre Wünsche geben lassen, z.B. mit einem **Händedruck** – wenn sich dabei die beiden in die Augen sehen können, hast Du Dein Ziel erreicht.
Wichtig: Dieser ist freiwillig. Sonst fängt die Gewalt schon wieder an – diesmal mit dem Druck der Gruppe. Es ist also eine Einladung. Manchmal ist eine kleine Verneigung besser.

Ganz wichtig: Ein Versprechen macht man niemals auf immer und ewig. Weil sie dann auch weit über ein Leben hinaus ihre Wirkung entfalten und die beiden an einander binden.
Meist ist ein Versprechen nicht so wichtig, das Wichtigste ist oft, dass die beiden einander zuhören und sich gehört fühlen.

Hier ist die Zusammenfassung, wie man Frieden macht:

1. Einladen

2. König und Königin

3. Nicken

4. Tresor

5. **1**-2- Vulkan

6. 1-**2**- Vulkan

7.   1-2-**Vulkan**

8. Wenn-dann- Bedürfnis-Wunsch

9. Wunscherfüllung ok?

10. Umkehrung

11. Herzchen

12. Verneigung

Aufgabe: Kannst Du aus diesen 12 Schritten eine Geschichte machen, um sie Dir zu merken?

Erklärung: Dieses Vorgehen nennt man gewaltfreie Kommunikation, ich fasse es nochmals zusammen: Wenn Dich jemand stört, irritiert, nervt, herausfordert oder ärgert, dann gehst Du mit diesen 4 Punkten vor:

Satz	Erkärung
Wenn *Du das und das.*	Damit weiss der andere genau, **was** Du meinst.
Dann *passiert bei mir das und das.*	Damit versteht er, was bei Dir passiert.
Mein Bedürfnis *ist, dass ich mich ... (sicher fühle, wohl fühle, gehört fühle, gesehen fühle, meine Grenzen sicher sind, ich etwas gegessen habe, ...)*	Damit sagst Du, was Dein Bedürfnis ist. Das ist ganz verschieden, von Mensch zu Mensch und auch von Tag zu Tag. Es ist wertvoll, das selbst herauszufinden. Wenn wir unsere Bedürfnisse zeigen, ohne die anderen zu zwingen, diese zu erfüllen, wird die Liebe grösser.
Deshalb wünsche ich mir, *dass Du mich vorher fragst, leiser bist, anklopfst, bevor Du hereinkommst, ...*	Wenn Dein Wunsch erfüllt wird, bist Du in Frieden, dann ist die Welt für Dich in Ordnung. Wichtig: Das ist ein Wunsch und keine Forderung. Es gibt keine Strafe, wenn Dein Wunsch nicht erfüllt wird.

Noch ein Hinweis dazu, was ein Wunsch ist: In der Schweiz und in Süddeutschland ist es den Menschen wichtig, nett zu sein, damit vermeiden sie eine Konfrontation. Deshalb gibt es hier einige, die auch etwas für sie ganz, ganz wichtiges als Wunsch formulieren. Das nennt man dann aber Forderung.

Wenn eine Forderung, auch wenn sie als ganz, ganz netter Wunsch formuliert wird, nicht erfüllt wird, dann wird das normalerweise bestraft.

Wenn ein Wunsch nicht erfüllt wird, dann wird das nie bestraft.

Man merkt also erst im Nachhinein, ob derjenige wirklich einen Wunsch formuliert hat, oder eine Forderung.

Beispiel:

> **Andreas:** Ich habe mir Spaghetti gewünscht, und jetzt gibt es Fisch. Ich helfe deshalb aus Trotz nicht beim Abwaschen.
>
> Andreas hat eine Forderung gestellt und keinen Wunsch, auch wenn er das Wort «wünschen» gebraucht hat.
>
> Das ist erkennbar, weil er jetzt eine Strafe ausspricht.
>
> Wenn es ein Wunsch gewesen wäre, dann wäre er traurig und würde keine Strafe aussprechen. Die Trauer kommt immer dann, wenn wir etwas loslassen müssen. Und wenn wir die Trauer fühlen und uns nicht ablenken, dann geht die nach weniger als 10 Minuten wieder vorbei.

Forderungen sind schlecht für Beziehungen – niemand will die Forderungen von anderen Menschen erfüllen – das tut man nur unter Zwang – und weicht aus, sobald es möglich ist. Zwänge fördert die Liebe nicht, sie töten diese früher oder später.

Wenn man mit anderen Menschen zusammen wohnt, insbesondere mit seinen Eltern, dann können die allerdings vorgeben, wie in ihren Räumen, die sie bezahlen gelebt wird. Das nennt man Hausrecht.

Normalerweise können die Regeln von den Eltern gut erklärt werden und machen Sinn. Manchmal versteht man die auch erst später.

Hausrecht kann man versuchen zu verhandeln, das ist der beste Weg, wenn man das Gefühl hat, dass etwas gar nicht geht.

Die Lernforschung bestätigt, dass der Lernerfolg eines Kindes weder von der Vermittlung noch von der Schwierigkeit des Stoffes abhängt, sondern in erster Linie von der Qualität seiner Beziehung zu seinem Lehrer oder seiner Lehrerin.

Quelle: www.SteffenKirchner.de

Erinnerungen an Orte anbinden

Stell Dir vor, Du bist in Deinem Zimmer, als Dein Papa sich verabschiedet. Er sagt: «*Dein Sandwich ist auf dem Küchentisch, bitte nimm es mit – und ach, bevor ich es vergesse – pumpe Deine Veloreifen noch etwas auf, die Reifen sind fast platt – und der Wohnungsschlüssel hängt an der Garderobe.*»

Du bist grad etwas überfordert mit der Situation und würdest Dir das normalerweise aufschreiben, nur fehlen Dir Stift und Papier.

Aber: Kein Problem. Ich zeige Dir, wie das ganz einfach funktioniert:

Wir können zuverlässig Erinnerungen an bestimmte Handlungen und Orte knüpfen, und wenn wir die Fallen darin erkannt haben, dann gelingt das zuverlässig – auch über längere Zeiträume.

Und das geht so:

Um zur Haustür zu gelangen, gehst Du den Korridor hinunter und gehst dabei an der Wohnzimmertür vorbei.

Nun «bindest» Du an diese Bewegung, bei der Du an der Wohnzimmertür vorbeigehst, zwei-, dreimal an, dass Du dabei nach links kuckst, Dich ans Sandwich erinnerst und dann links abbiegst.

Dann stellst Du Dir ein paarmal vor, wie Du bei der Haustür stehst und die Hand auf die Türfalle legst. Genau dabei erinnerst Du Dich an den Hausschlüssel, der an der Garderobe hängt und greifst danach.

Und dann stellst Du Dir vor, wie Du von aussen die Haustür abschliesst und Dich an das Aufpumpen Deiner Veloreifen erinnerst.

Ganz einfach.

Wenn Du Dich einmal nicht erinnerst, dann gibt es folgende Gründe:

- Es ist ein Zeichen, dass Du es Dir etwas stärker vorstellen musst.
- Du hast eine Bewegung oder Handlung gespeichert, die Du dann anders gemacht hast: Du hast Dir vorgestellt, wie Du die Tür aufmachst, und als Du bei der Tür warst, wurde sie von aussen durch Deine Mama geöffnet – damit hast Du die programmierte Handlung nicht ausgeführt und damit kannst Du das damit verbundene nicht abrufen. Hier kannst Du kreativ werden und Sachen verbinden, die Du sicher tust: z.B. durch die Tür gehen – egal, wer sie geöffnet hat.
  Du kannst auch clever sein und verschiedene Aktionen mit der gleichen Erinnerung verbinden – wie bei den Eselsbrücken: Du bindest die Velopumpe an die Bewegung, wie Du Hand auf die Türfalle legst.
  Und dann bindest Du sie auch noch an die Bewegung, wie Du durch die Tür gehst.
  Und dann bindest Du sie auch noch daran, wie die Tür hinter Dir ins Schloss fällt.
  Dann muss schon einiges schief gehen, dass das alles miteinander nicht klappt.
  Zusätzlich hast Du gut vorgesorgt, weil Dinge, mit denen man sich beschäftigt grundsätzlich besser erinnert werden können.

Links, Rechts oder das andere Links?

Manche Menschen können sich bis ins hohe Alter nicht merken, welche Seite links und welche rechts ist.

Und jetzt zeig ich Dir, wie einfach das ist:

Du streckst beide Hände vor Dich aus, so als würdest Du Dich von einer Wand abstossen.

Die beiden Daumen spreizt Du dabei ab.

Wenn Du jetzt prüfst, welche Hand mit Zeigefinger und Daumen ein richtiges «L» bildet – das ist links, also, um genau zu sein, hier links im Bild.

Source: *Laron*

Wochentage merken

Wir merken uns die Wochentage und ihre Reihenfolge anhand einer Körperliste, das heisst, wir binden uns jeden Wochentag an ein Körperteil, beginnen bei den Füssen und dann geht es die Beine hoch:

Wochen-tag	Merk-wort	Körper-teil	Merksatz
Montag	Mond	Fuss	Auf Deinen Socken hat es einen Vollmond, links eine Hälfte, rechts eine Hälfte, und wenn du die Füsse zusammenhältst siehst Du den ganzen. Er scheint so hell, dass Dein Schienbein ganz bleich aussieht.
Dienstag	Diener	Schien-bein	An Deinem Schienbein hängt ein Diener, er hält sich mit der einen Hand fest und mit der anderen hält er das Tablett fest. Er stürzt fast ab und schreit Zetter und Mordio. Vielleicht hat er aber nur Angst vor Deinem Knie mit der Schere?
Mittwoch	Mitte	Knie	Die Hose wird an Deinem Knie von einer superscharfen Schere zerschnitten, genau in der Mitte. Im Winter könnte man da schon mal am Ärschchen frieren.
Donnerstag	Donner	Ärsch-chen	Wenn Du auf dem WC sitzt, dann gibt es ab und zu einen Donner. Der Donner ist locker hörbar bis zum Bauchnabel.

Freitag	Frei!	Bauch-nabel	Wenn Dein Bauchnabel frei ist, zum Beispiel in der Badi, dann hast Du frei. Und dann brauchts auch was zu essen.
Samstag	Samen	Mund	Deine Mama hat Dir Peperoncini-Samen gegeben, die hast Du in den Mund gesteckt und jetzt merkst Du erst, wie scharf die sind. Pass auf, dass die nicht in die Augen kommen.
Sonntag	Sonne	Augen	Wenn es Wolken hat, dann siehst Du die aufgefächerten Strahlen der Sonne.

Wenn Du diese Geschichte der Wochentage gehört oder gelesen hast, dann kannst Du sie für Dich noch einmal wiederholen.

- Was weisst Du noch?
- Wenn Du etwas nicht mehr weisst, lies es nochmal, oder lass es Dir vorlesen.
- Oder noch viel besser: Erklär es einem Freund oder einer Freundin.
- Wenn man sich etwas gut merken will, dann ist das weitergeben eine der besten Massnahmen.
  Und vor allem: Ihr habt beide Spass daran.

Und noch etwas: Der Mittwoch ist in dieser Aufstellung, der Dritte und überhaupt nicht in der Mitte.

Die Menschen, die den Mittwoch zuerst mit diesem Namen verwendet haben, haben wohl die Woche nicht mit dem Montag begonnen, sondern mit dem Sonntag.

Wenn wir mit dem Sonntag beginnen: Sonntag-Montag-Dienstag

Dann ist nach diesen ersten 3 Tagen der Mittwoch der vierte, vor den 3 weiteren, Donnerstag, Freitag und Samstag. Und damit ist er wirklich in der Mitte. Andere Kulturen und Religionen beginnen auch heute noch mit dem Sonntag die Woche.

Die jüdische und die christliche Tradition beginnt die Woche (eigentlich) mit dem Sonntag. Und in Amerika wird das auch so gemacht, in Europa beginnen wir mit dem Montag.

Trick: Es gibt viele Körperlisten – man könnte alle Zehen brauchen, vom Kopf nicht nur den Mund und die Augen, sondern zusätzlich die Nase und die Ohren– am Körper kann man ganz vieles «anbinden».

In dieser Liste, die einige Körperteile überspringt, wirst Du immer mit dem Schlusssatz direkt zum nächsten Körperteil geführt – damit stellen wir sicher, dass wir die Fährte nicht verlieren.

Das ist bei den Wochentagen noch nicht so wichtig, bei längeren Listen kann es hilfreich sein.

Food-Art by Conny Schade

Monate merken

Woher kommt das Wort Monat?

Es kommt vom Wort für Mond. Der Mond braucht etwas mehr als 28 Tage, um seinen Lauf neu zu beginnen. Von einem Vollmond zum nächsten braucht es 28 Tage. Und von einem Leermond zum nächsten genauso lang.

Wenn wir uns am Mond ausrichten würden, dann wäre jeder Monat etwas mehr als 28 Tage lang. Dann hätten wir knapp 13 Monate – und einen Tag Pause – das Neujahr.

Bei einem solchen Kalender beginnt jeder Monat mit einem Montag – das erleichtert ganz viel.

Unsere Vorfahren haben so gerechnet.

Unser Jahr wurde irgendwann nicht mehr am Mond ausgerichtet, sondern an der Sonne. Und die Sonne steht nach 365 Tagen wieder am gleichen Punkt und startet ihren Lauf neu.

Die Monate wurden darauf ausgerichtet, dass sie auch 365 Tage lang sind.

Die Monate haben verschiedene Längen, die einen 30, die anderen 31 Tage, und der Februar ist mit 28 Tagen der kürzeste. In den Schaltjahren ist er auch 29 Tage lang.

Ein Schaltjahr wird gebraucht um alle 4 Jahre die um einen Bruchteil eines Tages zu kurzen Kalenderjahre wieder der Natur und ihren Rhythmen anzupassen.

Damit Du ganz schnell herausfinden kannst, wie lang ein Monat ist, gibt es einen einfachen Trick:

Du hältst beide Fäuste vor Dich hin und beginnst beim Knöchel des linken kleinen Fingers zu zählen, der steht für den Januar.

Dieser Knöchel ist hoch, der Januar ist lang – 31 Tage.

Danach kommt die Delle zwischen dem Knöchel des kleinen Fingers und dem des Ringfingers. Das heisst, der nächste Monat, der Februar ist ein kurzer.

Danach kommt der Knöchel des Ringfingers – hoch: 31 Tage

Delle zu Mittelfinger – tief – April kurz: 30 Tage

Und so weiter.

Die beiden Knöchel der beiden Zeigfinger liegen nebeneinander.

Die stehen für Juli und August – dies sind die einzigen 2 langen Monate direkt nacheinander.

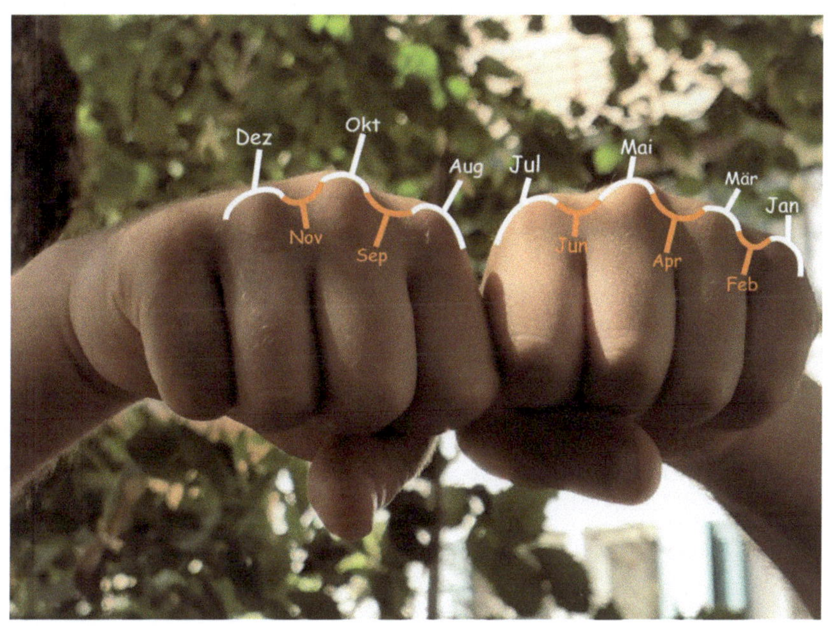

Der erste Knöchel des kleinen Fingers ist hoch – also ist der Januar lang.
Dann kommt die Delle zwischen dem ersten und dem zweiten Knöchel – die steht
für den Februar – also ist der kurz… und so weiter.
Du kannst auch auf der linken Seite anfangen zu zählen.
Oder von der anderen Seite, so wie Du auf Deine Fäuste kuckst.

Doch wie merkt man sich die Monate in der richtigen Reihenfolge?

Ich habe mir dazu die beiden folgenden Merksätze überlegt, der erste für das erste Halbjahr und der zweite für das zweite Halbjahr:

Jeder Frosch mag Aprils Maiglöckchen, Junge!

Jeden August sitzt Opa Neben Dem (Zaun).

Die Anfangsbuchstaben des ersten Satzes J-F-M-A-M-J stehen für Januar-Februar-März-April-Mai-Juni.

Die Anfangsbuchstaben des zweiten Satzes J-A-S-O-N-D stehen für die Monate Juli-August-September-Oktober-November-Dezember.

Man kann sich Dinge auch merken,
indem man sich mit ihnen beschäftigt.
Damit machen wir unserem Hirn klar, dass diese Sache wichtig ist.

Was immer dabei hilft, Dinge zu merken, ist sich damit zu beschäftigen: Also schauen wir uns die ersten Monate und die Herkunft ihrer Namen noch etwas genauer an:

Januar: Janus war bei den Römern der Gott allen Ursprungs, des Anfangs und des Endes, sowie aller Türen und Pforten. Er wird oft mit einem Kopf dargestellt, das nach hinten und nach vorne ein Gesicht hat.

Insofern ist der Name Januar ein guter Name für den 1.Monat im Jahr.

Der Janus-Kopf mit den 2 Gesichtern, die in gegenseitige
Richtungen schauen.
Quelle: Wikipedia

Februar: Das Wort «*februare*» ist lateinisch und bedeutet Reinigung.

Im Februar ging es mit Ritualen und Festen wie der Fastnacht darum, das alte, was nicht mehr passt loszulassen, und sich zu reinigen.

Man vergibt denen, die Schwierigkeiten gemacht haben und lässt los.

März: Der Monat März ist nach dem lateinischen Kriegsgott «*Mars*» benannt. Wie es dazu kam, ist nicht bekannt.

Was hilfreich ist, ist die Vorstellung, dass das Jahr anfängt (Januar), dann aufgeräumt wird (Februar) und man danach Kraft und Raum hat, wie ein Krieger hat um neues zu beginnen (März).

April: Die Herkunft des Monatsnamens «April» ist ungeklärt, es gibt die Vermutung, dass er mit dem Namen der Liebesgöttin «Aphrodite» zusammenhängt. Eine andere Vermutung sagt, dass er mit dem lateinischen Wort «*aprire*» zusammenhängt, auf Deutsch bedeutet das «öffnen». Als Merkhilfe: Der **Apéro** ist die Eröffnung des Abends.
Im April, also im Frühling wachsen die Knospen der Bäume und die Erde öffnet sich – die jungen Pflanzen schiessen heraus.

Mai: Nach der römischen Göttin Maia benannt: Diese war die Schutzpatronin der Fruchtbarkeit, der zum Leben erwachenden Natur.

Nachdem sich im April die Erde geöffnet hat, zeigt sie sich jetzt in aller Fruchtbarkeit.

Juni: Die römische Göttin Juno war die Schutzgöttin der Ehe. Nachdem die Erde uns die Nahrung schenkt, fühlen sich die Menschen sicher und können heiraten und Kinder kriegen.

Juli: Der Monatsname *«Juli»* geht auf den römischen Kaiser Julius Cäsar bekannt, der diesen Monat nach sich selbst benannt hat. Das haben viele Kaiser gemacht, bei manchen wurde das nach ihrem Tod wieder rückgängig gemacht hat. Das geschieht heute auch in unserer Wissenschaft, aber meist wird die Erfindungen von anderen Menschen nach ihrem Erfinder benannt, selbst machen das vor allem Kaiser und Päpste. Wir kennen das heute zum Beispiel beim Eiffelturm, der von Gustave Eiffel erbaut wurde.

August: Wie beim Juli ist auch dieser Name auf einen römischen Kaiser zurückzuführen. Eigentlich hiess der Kaiser Octavian, doch er hat sich den Zunahmen *«Augustus»* gegeben, was *«der Heilige, Erlauchte oder Erhabene»*. Dem nachfolgende Kaiser *«Commodus»* hat der Gedanke gefallen und er hat den August zu seinen Ehren umbenannt in *«Commodus»*. Nach seinem Tod wurde der Name wieder auf «August» zurückgeändert..

Aber nicht, dass Du jetzt den August ab sofort als «Lauch» für *«erlaucht»* benennst. Oder gar nach Deinem eigenen Vornamen.

Das dürfen nur Kaiser.

Die weitere Monate sind nach Zahlen benannt:

Wenn Du andere Sprachen kennst, z.B. Englisch, Französisch, Italienisch, Portugiesisch oder Spanisch, dann kannst Du Dir die Monate September (z.B. seven), Oktober (engl. eight, dt. acht, it. otto), November (engl. nine, dt. neun, frz. neuf) oder Dezember (dt.

decimal, frz. dix, it. dieci) herleiten, diese Monatsnamen kommen aus dem lateinischen. Und aus dem lateinischen sind die genannten Sprachen entstanden und die deutsche Sprache benützt viele dieser Worte.

Die lateinischen Bezeichnung von September bedeutet der Siebte, es ist aber der der neunte Monat.

Die lateinischen Bezeichnung von Oktober bedeutet der Achte, es ist aber der der zehnte Monat.

Die lateinischen Bezeichnung von November bedeutet der Neunte, es ist aber der der elfte Monat.

Die lateinischen Bezeichnung von Dezember bedeutet der Zehnte, es ist aber der der zwölfte Monat.

Unsere Vorfahren haben das Jahr mit dem Frühling im März, nach der grossen Winterkälte, wenn die ganze Natur wieder erwacht, begonnen.

Erst später wurde von den Päpsten in Rom das Jahr umgestellt und beginnt im Januar.

Ich finde den März den besseren Jahresanfang, dann, wenn die Natur wieder neu anfängt und es wieder wärmer wird.

Nachfolgend noch einmal alle Monate mit dem Hintergrund des Namens:

Monat	Hintergrund
Januar	**Janus**, Gott des Anfangs und des Endes: Jahresanfang.
Februar	**februare** = lat. reinigen: Die Seele, das Herz, die Gedanken reinigen und loslassen, damit man bereit ist für das neue.
März	**Mars**: Römischer Kriegsgott: Nach der Reinigung kann man das neue an-greifen, wie ein Tiger.
April	Apéro, die Erde öffnet sich, Frühling
Mai	**Maia**: Die Römische Fruchtbarkeitsgöttin: Nach der Öffnung folgt die Fruchtbarkeit.
Juni	**Juno**: Die Römische Schutzgöttin der Ehe: Wenn die Erde uns die Nahrung schenkt, können die Menschen heiraten und Kinder machen.
Juli	Nach dem Kaiser **Julius** Cäsar benannt
August	Nach dem Kaiser Octavian **August**us benannt
September	Der Siebte*
Oktober	Der Achte*
November	Der Neunte*
Dezember	Der Zehnte*

* Auf lateinisch.

Glücksballons

Ein Lehrer gab jedem Schüler einen Ballon. Jeder schrieb seinen Namen darauf und warf ihn in den Flur – und mischte dann alle Luftballons. Die Schüler hatten 5 Minuten Zeit, ihren eigenen Ballon zu finden. Trotz hektischer Suche fand niemand seinen Ballon.

Dann forderte der Lehrer die Schüler auf, den ersten Ballon, den sie fanden, zu nehmen und ihn dem Menschen zu übergeben, dessen Name darauf geschrieben stand. Innerhalb von 5 Minuten hatte jeder seinen eigenen Ballon.

Der Lehrer sagt: „Diese Luftballons sind wie Glück. Es ist schwer, es zu finden, wenn jeder nach seinem eigenen sucht. Aber wenn uns das Glück anderer Menschen am Herzen liegt, werden wir auch unseres finden.

Zu- und abnehmender Mond

Wenn die Sichel des Mondes auf der linken Seite steht, dann nimmt er ab, wenn der Bauch auf der rechten Seite steht, dann nimmt er zu.

Merken kann man sich das mit den beiden Worten «abnehmen» und «zunehmen», respektive «Dick werden»:

<table>
<tr><td colspan="2" align="center">Merkbuchstabe</td></tr>
<tr><td>a</td><td>z</td></tr>
<tr><td>abnehmen: Wenn der Bauch des Mondes links ist, so wie beim kleinen a, dann nimmt er ab.</td><td>zunehmen: Wenn der Bauch des Mondes rechts ist, so wie beim kleinen z aus der Schnürli-Schrift, dann nimmt er zu.</td></tr>
<tr><td></td><td>D</td></tr>
<tr><td></td><td>Wer die Schnürchenschrift nicht mehr lernt, kann es mit dem grossen D merken – D wie Dick werden.
Oder Dazuwachsen.

Wichtig: in der korrekten Rechtschreibung würde man «Dick» oder «Dazuwachsen» klein schreiben.</td></tr>
</table>

In der Abbildung unten siehst Du, wie der Mond eine ganze Mond-
phase von etwas mehr als 28 Tagen im Uhrzeigersinn durchläuft.

Merke: Man beginnt zu zählen, wenn er nicht zu sehen ist.

Merke: Neumond heisst auch Leermond.

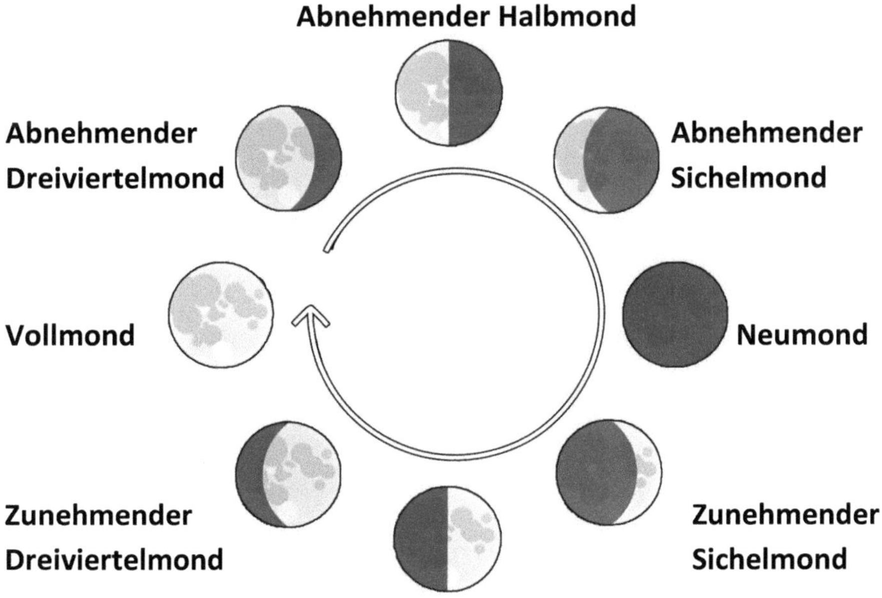

Was ist grün, hüpft durchs Gras und freut sich?

Eine Freuschrecke.

Es war einmal ein sehr temperamentvoller Junge

Es war einmal ein kleiner Junge, der sehr schlecht gelaunt war. Der Vater des Jungen wollte ihm eine Lektion erteilen, also gab er ihm eine Tüte Nägel und sagte ihm, dass er jedes Mal, wenn er die Beherrschung verlor, einen Nagel in ihren Holzzaun schlagen müsse.

Am ersten Tag dieser Unterrichtsstunde hatte der kleine Junge 37 Nägel in den Zaun geschlagen. Er war wirklich sauer!

Im Laufe der nächsten Wochen begann der kleine Junge, sein Temperament unter Kontrolle zu bringen, sodass die Anzahl der Nägel, die in den Zaun eingeschlagen wurden, drastisch abnahm.

Es dauerte nicht lange, bis der kleine Junge merkte, dass es einfacher war, seine Beherrschung zu zügeln, als die Nägel in den Zaun zu schlagen.

Dann kam endlich der Tag, an dem der kleine Junge kein einziges Mal die Beherrschung verlor und so stolz auf sich wurde, dass er es kaum erwarten konnte, es seinem Vater zu erzählen.

Erfreut schlug sein Vater vor, dass er nun jeden Tag einen Nagel herausziehen sollte, damit er seine Beherrschung zügeln könne.

Mehrere Wochen vergingen und schließlich kam der Tag, an dem der kleine Junge seinem Vater sagen konnte, dass alle Nägel verschwunden waren.

Ganz sanft nahm der Vater seinen Sohn bei der Hand und führte ihn zum Zaun.

„Das hast du sehr gut gemacht, mein Sohn", lächelte er, „aber sieh dir die Löcher im Zaun an. Der Zaun wird nie mehr derselbe sein."

Der kleine Junge hörte aufmerksam zu, während sein Vater weitersprach.

„Wenn man Dinge aus Wut sagt, hinterlassen sie bleibende Narben wie diese." Und egal wie oft man sich entschuldigt, die Wunden werden immer noch da sein."

Die 4 Himmelsrichtungen merken

Die 4 Himmelsrichtungen sind **N**ord, **O**st, **S**üd, **W**est.

Norden ist gegen zum Nordpol hin. Die Kompassnadel weist zum magnetischen Nordpol hin. In der Navigation zum Beispiel mit Schiffen orientiert man sich am Stern, der über dem Nordpol steht, dem Polarstern.

Osten ist dort, wo die Sonne aufgeht, von Europa aus gesehen Russland und China. Oder, wenn wir uns drehen gegen den Uhrzeigersinn.

Westen ist dort, wo die Sonne untergeht, von Europa aus gesehen Amerika. Oder, wenn wir uns drehen, mit dem Uhrzeigersinn.

Süden ist das umgekehrte von Orden, zur kalten Zone im Süden hin – hier hilft weder die Sonne, noch der Polarstern. Wenn wir nach Süden gehen wollen, messen wir mit dem Kompass die Richtung nach Norden und gehen in die umgekehrte Richtung.

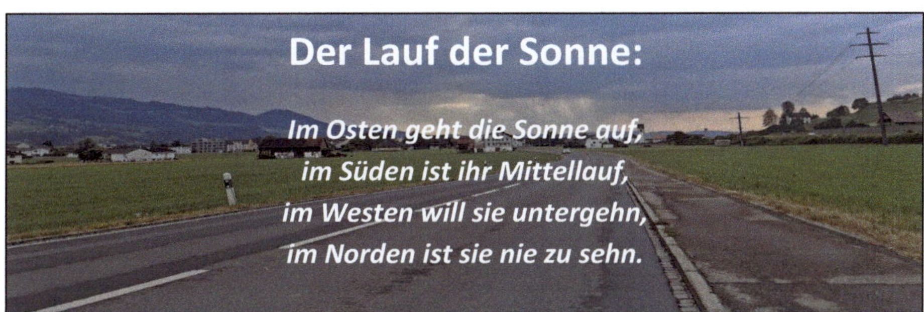

Diese Darstellung wird auf Karten oder bei der Navigation verwendet:

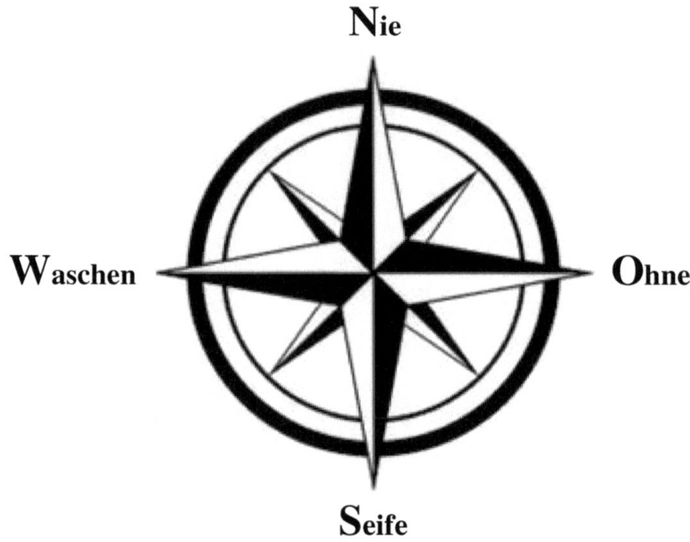

Um sich die Reihenfolge der Himmelsrichtungen zu merken, hilft der
Merksatz: «**N**ie **O**hne **S**eife **W**aschen».

Andere Merksätze:

Nashorn's **O**hren **s**ind **wo**llig

Nur **O**chsen **s**aufen **W**asser.

Wenn Du Dir diesen Satz merkst, hast Du mit den Anfangsbuchstaben N-O-S-W die Anfangsbuchstaben der Himmelsrichtungen.

Die Indianer reden nicht von den 4 Himmelsrichtungen sondern von
den 4 Winden: Nordwind, Ostwind, Südwind und Westwind.

Und wenn Du noch einen Schritt weitergehst, dann kannst Du Dir auch die Zwischenrichtungen merken: Mit 8 Richtungen kann man genauere Angaben machen, als mit 4:

Die acht Richtungen heissen Nord-Ost, Süd-Ost, Süd-West und Nord-West.

Und wenn Du die Erwachsenen verrückt machen willst, hast du genauso recht, wenn Du Ost-Nord, Ost-Süd, West-Süd oder West-Nord sagst. Diese sind zwar witzig, aber nicht gebräuchlich.

Und wenn Du jemanden komplett verwirren willst, dann sagst Du Ost-West oder Nord-Süd 😊 .

Hast Du gemerkt? Hier haben wir keine Körperliste benutzt, sondern einen Merksatz. Und wir haben uns das Thema etwas genauer angeschaut – das hilft immer.

Und noch etwas:

Es gibt nicht nur die 4 Himmelsrichtungen, sondern auch die 4 Windrichtungen.

Die Himmelsrichtung Norden ist die Richtung, in welcher der Kompasszeiger zeigt.

Und bei der Windrichtung ist es genau umgekehrt: Nordwind ist der Wind, der aus dem Norden bläst – der ist normalerweise kalt und trocken.

Und der Ostwind ist der Wind, der aus dem Osten bläst, der Südwind kommt von Afrika und hat manchmal bei grossen Stürmen in der Sahara Saharastaub drin. Dann ist er rot.

Und nicht immer, wenn die Presse von Saharastaub spricht, ist wirklich Saharastaub drin: Bleibe also wachsam.

Stalaktiten und Stalagmiten

In Höhlen, oft in Kalksteingebirgen gibt es die Stalaktiten und die Stalagmiten.

Die Stalaktiten hängen von oben, die Stalagmiten wachsen ihnen von unten entgegen.

Jedes Tröpfchen, welches von einem Stalaktiten heruntertropft enthält Kalk aus dem Berg. Dieses lagert sich einerseits auf dem Stalaktiten ab, und was es noch mittragen kann, wird es auf dem Stalagmiten, der von unten her wächst, ablagern.

Damit wachsen die Stalaktiten von oben und die Stalagmiten von unten einander entgegen, bis sie schliesslich zu einer Kalksäule verschmelzen.

Die verbundene, durchgehende Säule heisst Stalagnat.

Wie merkt man sich, welches die Stalagmiten sind und welches die Stalaktiten?

Merksatz: das kleine «g» von Stalagmiten ist wie ein Anker im Boden– die sind also unten. Die Stalaktiten haben ein kleines k an der Stelle – und dieses zeigt nach oben. Diese sind also oben.

Merksatz 2: Titten (Brüste) hängen. Egal ob bei Mann oder Frau. Stalaktiten hängen auch.

Und die anderen sind die Stalagmiten.

2 Interessante Dinge, die Dein Super-Hirn kann

Kannst Du das folgende lesen?

Ehct ksras! Gmäess eneir Sutide eneir Uvinisterät, its se nchit witichg, ni wlecehr Rneflogheie edi Bstachuben in eniem Wrto dnis, dsa enzigie, aws wchtigi tsi, dsa edr ester nud letztte Bstabchue an red ritihcegn Pstoiin snid. Der Rset kanan ein ttoaelr Bsinöldn sien, tedztorm knan man nih onhe Pemoblre lseen. Dsa its os, weil riw nicht jeedn Bstachuebn enzelin leesn, snderon das Wrot als gzeans enkreenn. Ehct ksras – das get wicklirh! Und dfüar ghneen wir jrhlaeng in die Slhcue!

D135E M1TT31LUN6 Z316T D1R, ZU W3LCH3N
6RO554RTI63N L315TUN63N UN53R 63H1RN
F43H16 15T. 4M 4NF4N6 W4R 35 51CH34 NOCH
5CHW34, D45 ZU L353N, 483R M1TTL3W31L3
K4NN56 DU D45 W4HR5CH31NL1CH 5CHON 64NZ
6UT L353N, 0HN3 D455 35 D1CH W1RKL1CH
4N5TR3N6T. D45 L315T3T D31N 63H1RN M1T
531N3R 3NORM3N L3RNF43HI6K31T.
8331NDRUCK3N0, 0D3R?
DU D4RF56 D45 63RN3 KOP13R3N, W3NN DU 4UCH
4ND3R3 D4M1T 836315T3RN W1LL5T!

Die Zeitumstellung

Die Umstellung der «normalen» Zeit auf Sommerzeit und Winterzeit ist erstmals 1916 im damaligen deutschen Reich vorgenommen worden.

In der Schweiz wurde sie 1981 eingeführt.

Seither wird die Uhr jeweils Ende März eine Stunde vorgestellt und Ende Oktober eine Stunde zurückgestellt.

Auf Englisch heisst ein guter Merksatz:

Spring forward, fall back.

Wobei das Wort *"Spring"* mehrere Bedeutungen hat, unter anderem: *Frühling* und *springen*.

Auch das Wort «*fall*» hat mehrere Bedeutungen: Herbst (wenn die Blätter fallen) und fallen.

Auf Deutsch übersetzt heisst es also:

Vorwärts springen im Frühling und zurückfallen im Herbst.

Wenn Du kein Englisch kannst, dann kann Dir folgendes helfen:

Die Uhren werden immer zum Sommer hingestellt – im Frühling also vorwärts und im Herbst rückwärts.

Die Planetennamen von der Sonne aus

Die Planetennamen heissen Merkur-Venus-Erde-Mars-Jupiter-Saturn-Uranus-Neptun.

Wenn Du diese Namen kennst, dann hilft Dir der Spruch:

Mein Vater Erklärt Mir Jeden Sonntag Unseren Nachthimmel.

Nachfolgend ein Bild mit den Planetennamen, von der Sonne aus:

Brutto und Netto

Die Begriffe Brutto und Netto stammen aus der Buchhaltung.

Brutto ist Der Lohn vor allen Abzügen – der Netto-Lohn ist der Lohn nach allen Abzügen.

Abzüge können Versicherungen wie AHV, IV oder Krankenkasse sein.

Angenommen jemand hat in seinem Vertrag 5500.- / Monat als **Brutto-Lohn** abgemacht, dann ist das, was nach allen Abzügen übrigbleibt vielleicht noch **4200.-** - das ist dann sein Netto-Lohn.

Brutto ist immer höher oder grösser als Netto.

Meistens redet man von Netto-Beträgen, dann weiss man, was wirklich zur Verfügung steht.

Merksatz 1: **Brutto**: Da hast du noch «**bru**tal viel» Geld,
Netto ist am Ende nach allen Abzügen, da hast Du «**net** so viel».

Merksatz 2:

Der Bauch des Buchstabens **B** von Brutto ist rund und gross,

der Buchstabe **N** ist schlank und schmal.

Netto
Brutto
Net so viel
Brutal viel

Es gibt noch eine 2.Eselsbrücke zu Brutto und Netto.

Du weisst: Wenn wir zu einer Sache nur eine Eselsbrücke haben, dann kann es, besonders im Stress, kritisch werden. Wenn wir aber eine weitere haben, dann ist es fast nicht möglich, diese zu vergessen.

Hier ist sie: Stell Dir einen Fischer vor, der ein Netz in den Fluss wirft, um zu fischen. Die Fische sind schon drin, es ist noch unter Wasser – und es ist auch noch ganz viel Wasser drin. Er zieht das Netz aus dem Fluss und das Wasser tropft langsam ab – jetzt sind nur noch die Fische im Netz. Wenn Du das «z» weglässt, dann bleibt nur noch Net – für Netto.

a.m. / p.m.

In den englischsprachigen Ländern ist die 24-Stunden-Aufteilung der Zeit über den Tag nur im Militär gebräuchlich, dafür wird die Zeit meist mit 2x 12 Stunden angegeben.

Damit ist es notwendig, dass man angibt, ob man die erste Hälfte oder die zweite Hälfte das Tages meint.

«a.m.» meint die erste Tageshälfte und p.m. die zweite Tageshälfte.

«a.m.» ist die Abkürzung für ante meridiem – also Vormittag.
«p.m.» ist die Abkürzung für post meridiem – also Nachmittag.

Damit man die beide nicht verwechselt, kann man sich die wie folgt merken:

a.m. = **a**m **M**orgen

p.m. = **p**is **M**itternacht oder auch Pomeriggio
            (it. für Nachmittag)

Und wichtig: Natürlich schreibt man korrekterweise «bis» und nicht «pis» - aber um sich das zu merken ist es hilfreich.

Lee und Luv

Auf den Schiffen, besonders den Segelschiffen ist es wichtig, zu wissen, woher der Wind weht und dafür gibt es spezielle Begriffe, die heissen Luv – daher kommt der Wind und Lee – dahin geht der Wind.

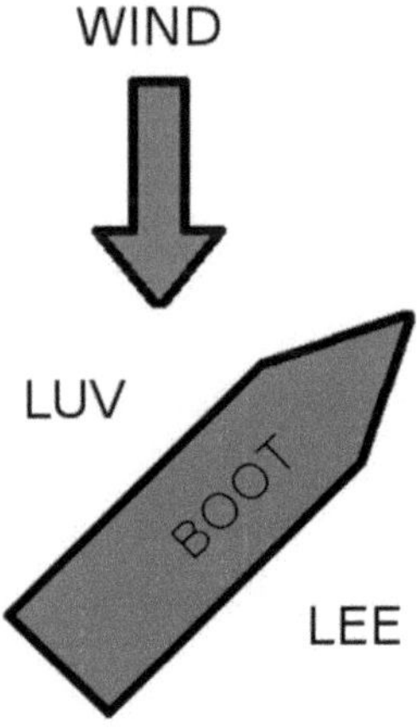

Merksatz: Pisst du ins Lee geht's in die See
Pisst du ins Luv kommt's wieder uf

Merksatz 2:   Lee = „lee"r
Luv = „Luv"t

Merksatz 3:   Us em Luv chunt der Schnuf (Wind).

Steuerbord, Backbord

In der Seefahrt und in der Luftfahrt verwendet man nicht «links» und «rechts», sondern «backbord» und «steuerbord».

Zusätzlich werden die beiden Seiten markiert: Die linke Seite wird mit einem roten Licht versehen und die rechte mit einem grünen Licht, auch bei den Flugzeugen.

Derjenige Kapitän oder Bootsführer, der Grün sieht, hat Vorfahrt, derjenige, der rot sieht, muss warten oder den Kurs wechseln – ähnlich wie im Strassenverkehr.

Merkhilfe 1: Die Engländer sind als Insulaner eine Seefahrernation – und ihre Fahrzeuge werden rechts gesteuert – also von steuerbord aus.

Merkhilfe 2:   Stu**üü**rbord ist gr**ün**. (Dialekt):
Backbord ist rot – wie das rote Licht am **Back**ofen

Schiffe haben übrigens noch ein weiteres weisses Licht am Heck und oft über der Brücke.

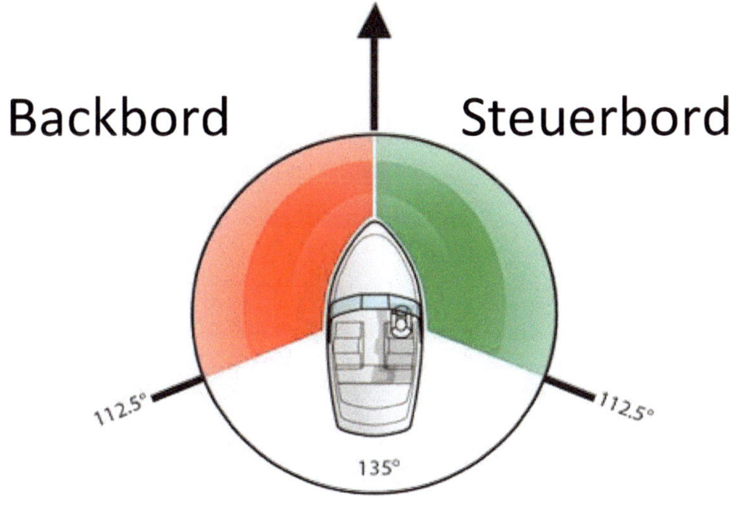

Backbord
Steuerbord
112,5°
112,5°
135°
Heck

Schrauben anziehen und lösen

Schrauben werden im Uhrzeigersinn, nach rechts angezogen und im Gegenuhrzeigersinn, nach links gelöst.

Merksatz im Dialekt: Links löse Löli!

Merksatz auf English: righty tighty, lefty loosy.

Merksatz mit Cäsar: Beim Gladiatorenkampf bedeutet der Daumen hoch: Der Gladiator wird begnadigt, Daumen nach unten: Gladiator wird getötet.

Wenn Du das mit der linken Hand machst, dann ist es auch so:

Das Gerät reparieren, retten, dann Daumen hoch, damit zeigen die anderen 4 Finger im Uhrzeigersinn herum, so ziehst Du Schrauben an, so setzt Du das Gerät wieder zusammen.

Wer das Projekt oder die Reparatur aufgibt, der zeigt mit dem Daumen runter, die anderen 4 Finger zeigen gegen den Uhrzeigersinn herum, und genauso wird die Schraube gelöst, so kannst Du noch verwendbare Teile aus Deinem Gerät ausbauen.

Eine Schraube wird im Uhrzeigersinn angezogen.

Konvex und konkav:

Erklärung:

Konvex wird eine Form genannt, die nach aussen einen Bauch hat.

Konkav wird eine Form genannt, die nach innen eine Beule hat.

Konvex   Konkav

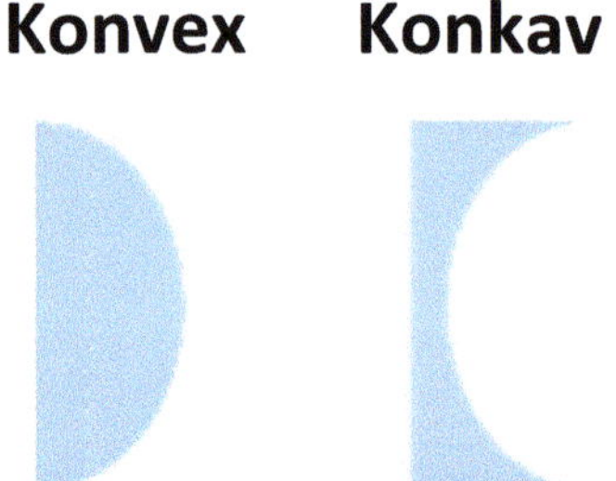

Merksatz 1: Wenn man die Tasse richtig herum unter die Maschine stellt, geht man Con Caffè (also konkav) in die Pause, wenn man sie falsch herum hinstellt, ist der Kaffee weg (also konvex).

Merksatz 2: Trinkst du immer ex, wird Dein Bauch konvex.

Merksatz 3: Konvex – Buckel wie ne' Hex!

Merksatz 4: Ist der Teller konkav, bleibt die Suppe brav.
Ist der Teller konvex, macht sie klecks.

Lateinische Wortherkunft:

- **convexus** bedeutet lateinisch nach oben oder unten gewölbt.

- **Concavus** bedeutet auf lateinisch: Von ihm weg gewölbt. Auf englisch heisst «cave» «Höhle» - eine Höhle ist auch von einem Weg gewölbt, wenn man sie betritt.

Für Deine Notizen:

____

____

____

____

____

____

____

____

____

____

____

____

____

____

Für Deine Notizen:

____

____

____

____

____

____

____

Für Deine Notizen:

____

____

____

____

____

____

____

Für Deine Notizen: